Campeones de la NBA: Los Washington Wizards

El alero Rick Mahorn

El base John Wall

CAMPEONES DE LA NBA

LOS WASHINGTON WIZARDS

DENNY BULCAO, JR.

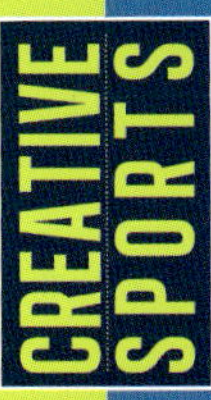

CREATIVE EDUCATION / CREATIVE PAPERBACKS

El escolta Earl Monroe

Publicado por Creative Education y Creative Paperbacks
P.O. Box 227, Mankato, Minnesota 56002
Creative Education y Creative Paperbacks son sellos de
The Creative Company
www.thecreativecompany.us

Dirección artística de Tom Morgan
Producción del libro por Graham Morgan
Editado por Grace Cain

Imágenes de Alamy Stock Photo/Christopher Szagola, 2; Associated Press/Ryan Sun, portada; Getty Images, 9; Getty Images/Afro Newspaper/Gado, 12, Bettmann, 15, Bill Baptist, 16, Dick Raphael, 19, Focus On Sport, portada, G Fiume, 10, Jess Rapfogel, 1, Nathaniel S. Butler, 5, Ned Dishman, 24, Patrick Smith, 20, The Washington Post, 3, Walter Iooss Jr, 6; Newscom/Harry E. Walker, 7; Vernon Biever/WireImage, 4

Se ha hecho todo lo posible por contactar con los titulares de los derechos de autor del material reproducido en este libro. Cualquier omisión será rectificada en impresiones posteriores si se notifica al editor.

Library of Congress Cataloging-in-Publication Data
Names: Bulcao, Denny Jr. author.
Title: Los Washington Wizards / by Denny Bulcao Jr.
Other titles: Washington Wizards. English
Description: Mankato, Minnesota : Creative Education and Creative Paperbacks, [2025] | Series: Creative sports. Campeones de la NBA | Ages 7-10 years | Audience: Grades 2-3 | Summary: "Elementary-level text translated into North American Spanish and dynamic sports photos highlight the NBA championship win of the Washington Wizards, plus sensational players associated with the professional basketball team such as Deni Avdija"-- Provided by publisher.
Identifiers: LCCN 2024023443 (print) | LCCN 2024023444 (ebook) | ISBN 9798889898290 (lib. bdg.) | ISBN 9781682778883 (paperback) | ISBN 9798889898498 (ebook)
Subjects: LCSH: Washington Wizards (Basketball team)--Juvenile literature. | Basketball--Washington (D.C.)--History--Juvenile literature.
Classification: LCC GV885.52.W37 B8518 2025 (print) | LCC GV885.52.W37 (ebook) | DDC 796.332/6409753--dc23/eng/20240712

Impreso en China

El escolta Michael Jordan

El escolta Earl Monroe

ÍNDICE

Hogar de los Wizards

Washington, D.C. es la capital de Estados Unidos. La gente va allí para visitar lugares como la Casa Blanca y el Monumento a Washington. Washington tiene un **estadio** llamado Capital One Arena. Allí juega un equipo de baloncesto llamado los Wizards.

El escolta Bradley Beal

os Wizards juegan en la Asociación Nacional de Baloncesto (NBA). Pertenecen a la División Sureste. Forma parte de la Conferencia Este. Dos de sus principales **rivales** son los Cleveland Cavaliers y los Boston Celtics. Todos los equipos intentan ganar las **Finales de la NBA**.

El centro Wes Unseld

Nombrando a los Wizards

Este equipo de la NBA se ha movido mucho. También han tenido muchos nombres. En 1961, empezaron a jugar como los Chicago Packers. Después pasaron a llamarse los Chicago Zephyrs. El equipo se trasladó a Baltimore (Maryland) y se convirtió en los Baltimore Bullets. También se llamaron los Capital Bullets y los Washington Bullets. Desde 1997, el equipo juega como los Washington Wizards. El propietario esperaba que el nombre fuera mágico para el equipo.

Historia de los Wizards

El centro alto Walt Bellamy jugó tanto en Chicago como en Baltimore. Fue Novato del Año de la NBA en 1962. El escolta Earl Monroe y el centro Wes Unseld ayudaron a su equipo a llegar a las Finales en 1971. Perdieron contra los Milwaukee Bucks.

El equipo dejó Baltimore en 1973. El alero Elvin Hayes llevó a los Washington Bullets a las Finales tres veces más. En 1978, el equipo se enfrentó a los Seattle SuperSonics en una emocionante serie. Jugaron los siete partidos. Hayes ayudó al equipo a ganar su primer campeonato de la NBA. Los Bullets perdieron las Finales un año después contra el mismo equipo.

El centro Walt Bellamy

El alero/centro Chris Webber

El alero/centro Chris Webber fue la estrella de Washington en la década de 1990. El base Gilbert Arenas ayudó al equipo a volver a las **eliminatorias** en la década de 2000. El alero Antawn Jamison se incorporó a los Wizards en 2004. Les llevó a su mejor récord en 26 años.

Otras estrellas de los Wizards

El escolta Phil Chenier ayudó a Washington a ganar un récord de 60 partidos durante la temporada 1974-75. Llegaron a las Finales. En la década de 1980, el escolta Jeff Malone realizó muchos tiros difíciles. El **versátil** alero Juwan Howard fue un gran anotador y **reboteador** en la década de 1990.

El escolta Jeff Malone

El alero Kyle Kuzma

En 2017, Washington tenía dos de los mejores guardias de la NBA. El base John Wall era rápido. Bradley Beal era un gran tirador de triples.

Los Wizards están liderados actualmente por los jóvenes estrellas Kyle Kuzma, Jordan Poole y Marvin Bagley III. El equipo está trabajando duro para volver a las Finales.

Acerca de los Wizards

Primera temporada: 1961-62

Conferencia/división: Conferencia Este, División Sureste

Colores del equipo: azul marino, rojo, plata y blanco

Estadio local: Capital One Arena

CAMPEONATOS DE LA NBA:

1978, 4 partidos a 3 sobre los Seattle SuperSonics

PÁGINA WEB DEL EQUIPO:

https://www.nba.com/wizards/

Glosario

eliminatorias—partidos que juegan los mejores equipos después de la temporada regular para ver quién será el campeón

estadio—un edificio grande con asientos para espectadores, donde se celebran partidos deportivos y eventos de entretenimiento

Finales de la NBA—una serie de partidos entre dos equipos al final de las eliminatorias; el primer equipo que gana cuatro partidos es el campeón

reboteador—jugador que atrapa y controla el balón después de un tiro fallado

rival—equipo que juega más duro contra otro equipo

versátil—capaz de hacer bien muchas cosas diferentes

El base John Wall

Índice